그림으로 읽고 영어로 풀어보는

스페인 그레게리아

신명희 강필운 역음

송지원 그림

성진미디어
SungJin Media Co.

그림으로 읽고 영어로 풀어보는 스페인 그레게리아

저　자 | 신명희 강필운
발행인 | 채희선
발행처 | 성진미디어
발행일 | 2024년 09월 30일
등　록 | 제311-2010-23호

전 화 | 02)374-4363(대표)
팩 스 | 02)375-4362
주 소 | 서울시 은평구 증산동 248 중앙하이츠상가 B101호

ISBN 978-89-98308-66-7

값 15,000원

들어가며 ...

스페인 아방가르드 작가 라몬 고메스 데 라 세르나(Ramón Gómez de la Serna)의 ‘그레게리아(Greguería)’를 처음 마주했을 때, 마치 세상을 전혀 다른 각도로 바라보게 해주는 신비로운 안경을 쓴 듯한 기분이 들었습니다. 그동안 얼마나 많은 편견에 사로잡혀 사물을 바라보고 있었는지, 그리고 그 시선이 얼마나 왜곡되어 있었는지를 깨닫는 순간이기도 했습니다. 이러한 깨달음을 독자들과 나누고자 하는 열망이 바로 이 책을 시작하게 된 계기였습니다.

이 책에는 수많은 그레게리아 중에서도 제 마음을 깊이 울린 작품들이 담겨 있습니다. 한글 번역은 오랜 시간 스페인 문학과 문화를 연구하고 가르치고 계신 강필운 교수님께서 맡아주셨습니다. 저는 영어 전공자로서 스페인 문화에 대한 애정을 담아 영어 번역을 진행했습니다. 우리는 단순한 텍스트 번역을 넘어, 독자들이 그레게리아의 생동감을 더욱 깊이 느낄 수 있도록 뛰어난 삽화가와 협업하여 그림을 함께 더했습니다.

고메스 데 라 세르나는 그레게리아를 ‘은유와 유머의 결합’이라고 표현했습니다. 이 책에 담긴 그레게리아들이 독자 여러분을 일상의 소란스러움에서 잠시 벗어나게 하고, 짧지만 깊이 있는 문장들이 전하는 유쾌한 메타포(metaphor) 속에서 사색할 수 있는 시간을 갖게 되기를 바랍니다. 이 책이 독자 여러분에게 세상을 새로운 시각으로 바라보는 작은 전환점이 되기를 바라며, 이 여정을 함께 즐겨 주시길 기대합니다.

여름 끝자락에

신명희

작가 소개 ...

신명희

한국외국어대학교에서 영어학 박사 학위를 취득한 후, 현재 한남대학교 교수로 재직 중이다. 강의실에서 학생들과의 소통과 공감을 최우선으로 생각하며, 이를 실현하기 위해 끊임없이 연구하고 고민해 왔다. 이러한 열정의 결과로, 한국대학교육협의회 주최의 대학교수법 및 학습법 공모전에서 '교감과 소통이 있는 강의실'이라는 주제로 우수상을 수상하기도 했다.

실용적이고 효율적인 교수 학습법 연구에 몰두하여, 『네이티브처럼 말하기』, 『영화로 배우는 영어와 문화』, 『Grab Your Chance』, 『팝송과 영화로 배우는 영어와 문화』, 『영국문화의 이해』, 『라틴팝으로 배우는 영어와 스페인어』 등의 저서를 출간했다. 학생들과의 진솔한 소통을 통해 그들이 더 행복한 삶을 살 수 있도록 마중물이 되고자 매 수업마다 즐겁고 의미있는 만남을 이어가고 있다.

강필운

한국외국어대학교 스페인어과를 졸업한 후, 스페인 외무부 장학생으로 선발되어 마드리드 국립대학교에서 스페인 문학 박사학위를 받았다. 현재 대학에서 스페인 문학과 문화를 강의하며, 학생들과 함께 스페인의 매력을 나누고 있다.

저서로는 『신비주의 문학의 이해』가 있으며, 역서로는 『수사학의 역사』, 『모두가 창녀다』, 『세상 밖으로 배낭을 꾸려라』, 『구스만 데 알파라체』 등이 있다. 또한, 스페인 황금세기(16~17세기) 문학에 관한 다수의 논문을 발표하며 학문적 기여를 이어가고 있다. 최근에는 학생들과의 소통을 강화하기 위한 스페인어 수업 모형을 개발하며, 더 나은 학습 경험을 제공하기 위해 끊임없이 노력하고 있다.

송지원

서양화를 전공한 작가는 간결한 펜드로잉과 연필 드로잉, 그리고 수채화 같은 경쾌한 느낌의 그림을 주로 그린다. 인디 가수의 앨범 커버 일러스트를 시작으로 상업적 그림 작업을 시작했으며, 소설 『아빠는 슈퍼로봇』과 『바퀴춤』의 삽화를 통해 본격적으로 도서 삽화를 그리기 시작했다.

순수하면서도 기묘한 분위기를 표현한 동화 삽화 작업에 집중하고 있으며, 최근에는 바른북스의 도서 『통영 섬도깨비』와 지음(ZEEUM)의 앨범 커버 작업 등을 진행하며 다방면으로 활동하고 있다

차례 ...

16. 귀뚜라미는 밤의 맥박을 측정한다.

17. 추억은 티셔츠처럼 줄어든다.

18. 머리는 아이디어의 어항이다.

19. 이끼는 돌의 가발이다.

20. 꽃들 위에 앉은 나비는 정원의 타이피스트다.

21. 신부의 긴 드레스는 정신이 없는 신랑을 그녀에게로 인도하는 길이다.

22. 그랜드 피아노에서 하프가 누워 잔다.

23. 놔두고 온 조개껍질을 그리워하며 파도는 다시 그것을 찾으러 간다.

24. 애인에게 지갑을 선물하는 것은 그를 관리하기 시작하는 것이다.

25. 거위는 슬리퍼 차림으로 돌아다닌다.

26. 꿀은 도둑질이다.

27. 아기가 발에다 악수하며 자신에게 인사한다.

28. 하늘을 너무 많이 쳐다본 시인의 눈에서 구름이 흘러나온다.

29. 향수는 꽃의 메아리다.

30. 다람쥐는 자기가 앉은 자리를 꼬리털로 청소한다.

31. 갈매기들은 항구에서 작별 인사로 흔드는 손수건에서 태어났다.

32. 첫눈에 반하는 사랑에는 안경이 필요없다.

33. 달이 없다면 강은 잘못된 길로 흘러가겠지.

34. 책은 고독의 구명장비다.

35. 낙타는 지평선과 작은 산을 등에 지고 다닌다.

36. 로댕의 <생각하는사람>은 테이블을 빼앗긴 체스 선수다.

37. 벼룩은 개를 기타리스트로 만든다.

38. 번개는 전기 사슬이다.

39. 마치 세상의 모든 수채화가들이 붓을 씻은 듯한 흐린 하늘이 있다.

40. 정신 분석은 무의식의 코르크 따개다.

41. 우리의 잔이 아무리 작더라도 병을 가득 채우는 것이 중요하다.

42. 시는 우리가 하늘을 볼 수 있도록 천장에 구멍을 뚫는다.

43. 미래는 과거의 표절이다.

44. 행복한 시간에는 시계가 존재하지 않는다.

45. 치약을 사용한 후 우리는 야수와 같은 표정으로 이를 본다.

46. 강은 다리를 섬으로 생각한다.

47. 세계에서 가장 작은 철길은 애벌레다.

48. 어린 아이가 콧구멍으로 생각을 끄집어내려고 한다.

49. 날아가는 모자는 그것을 쫓는 이의 생각을 전부 가지고 도망치는 것 같다.

50. 흔히 나비는 꽃이 쓰는 안경 같다.

51. 환자에게 가장 필요한 힘은 약병을 따는 일이다.

52. 탄산수는 신나는 물이다.

53. 우리가 목욕하는 동안 몇 가지 기억이 익사한다.

54. 우리는 모두 얼굴에 비누칠을 할 때 광대처럼 보인다.

55. 데카르트는 좋은 아이디어만 남기기 위해 많은 생각을 버린 사람이다.

56. 바람은 아둔해서 문닫는 방법을 모른다.

57. 폐허가 된 콜로세움은 수세기 전의 깨진 아침 식사 컵 같다.

58. 세상이 너무나 궁금해 미리 눈을 살짝 뜨는 과일은 석류뿐이다.

59. 별이 졸려서 깜빡인다.

60. 낚시하기 가장 힘든 물고기는 물속의 비누다.

61. 그는 너무 예의가 바른 나머지 때때로 나무들에게 인사한다.

62. 구름은 낮에 왜 그렇게 빨리 흘러갈까?

63. 밤이 되면 몰려드는 나비들 때문에 유리창은 나비 수족관으로 바뀐다.

64. 해변에 나타나는 해초는 인어가 머리를 빗을 때 빠지는 머리카락이다.

65. 이슬방울 덕분에 꽃은 하늘의 아름다움을 볼 수 있다.

66. 제비는 정장을 입은 새다.

67. 달과 태양은 쉴 수 있는 침대가 단 한 개밖에 없어서, 달은 태양이 잘 때 일한다.

68. 새처럼 물맛을 음미하는 사람은 아무도 없다.

69. 바다 위의 달은 비행가이자 다이버다.

70. 못을 치다 보면 어떤 것들은 우리를 좋아해서 고분고분 말을 잘 듣고, 또 어떤 것들은 우리를 미워해서 반항적이라는 것을 알게된다.

71. 단지 태양만이 구름에 휴가를 줄 수 있다.

72. 거미가 구석에서 양말을 꿰맨다.

73. 간단히 말해서 로댕의 <생각하는 사람>은 화장실에 가장 오래 앉아 있는 사람일 것이다.

74. 감자 껍질을 벗기는 것은 감자를 줄로 동여매는 것과 같다.

75 바다는 강의 머리카락을 끌어당긴다.

76. 바람이 널려있는 속옷을 채찍질한다.

77. 거울 앞에서 하품을 할 때 우리는 우리 자신을 삼켜버린다.

78. 키스는 빌려주는 걸까, 아니면 선물일까?

79. 수박은 노을의 저금통이다.

80. 달걀은 풀 먹인 셔츠를 입고 태어난다.

전기다리미는 와이셔츠에 커피를 대접하는 것 같다.

The electric iron seems to serve coffee to the shirts.

La plancha eléctrica parece servir café a las camisas.

R = VD
CANDY

아이들은 필통에 꿈을 간직한다.

Children store their dreams in pencil cases.

En las cajas de lápices guardan sus sueños los niños.

달팽이는 등에 짊어진 트롬본을 연주한다.

The snail plays the trombone that it carries on its back.

El caracol toca el trombón que lleva a cuestas.

두 개의 빨대로 음료수를 마시는 사람은 팬플룻을 연주하는 것 같다.

Someone drinking with two straws looks like he(she) is playing a pan flute.

El que toma el refresco con dos pajas parece que toca la doble flauta de Pan.

TEA

목욕물 온도를 알맞게 맞추는 것은 좋은 차를 우려내는 것과 같다.

Getting the bath water to the right temperature is like making a good cup of tea.

Templar bien el agua del baño es como preparar un buen té.

포크는 스파게티 면을 빗는 빗이다.

The fork is like a comb for the spaghetti noodles.

El tenedor es el peine de los tallarines.

우산을 펴는 것은 비를 향해 총을 쏘는 것이다.

Opening an umbrella is like shooting at the rain.

Abrir un paraguas es como disparar contra la lluvia.

무지개는 하늘의 목도리다.

A rainbow is the scarf of the sky.

El arco iris es la bufanda del cielo.

여자를 화나게 하지 않고 깨우는 것이 사랑이다.

Love is waking a woman without upsetting her.

Amor es despertar a una mujer y que no se indigne.

커피 잔 속의 설탕을 저을 때, 커피의 달콤한 미소가 살랑인다.

Stirring the sugar in the coffee cup makes the coffee's sweet smile dance.

Al mover el azúcar en el fondo de la taza se mueve la dulce sonrisa del café.

유쾌한 밤에 달은 탬버린이다.

The moon is a tambourine on a cheerful night.

En la noche alegre la luna es una pandereta.

격자철창은 사랑을 나누기 위한 가장 짧은 전화선이다.

The lattice is the shortest phone line to talk about love.

La reja es el teléfono de más corto hilo para hablar de amor.

DIARY
※PRIVACY

글을 쓰는 것은 혼자서 울고 혼자서 웃기 위해서다.

Writing is a way to cry and laugh alone.

Escribir es que le dejen a uno llorar y reír a solas.

수달은 여성용 외투를 두른 쥐다.

The nutria is a rat wearing a woman's coat.

La nutria es una rata con gabán de señora.

식구들의 숟가락이 찌개 냄비로 돌진할 때, 마치 노를 젓는 선원들 같다.

When the whole family's spoons dive into the stew pot, they look like rowers in a regatta.

Cuando las cucharas del toda la familia arremeten con la sopa, parecen remeros regata.

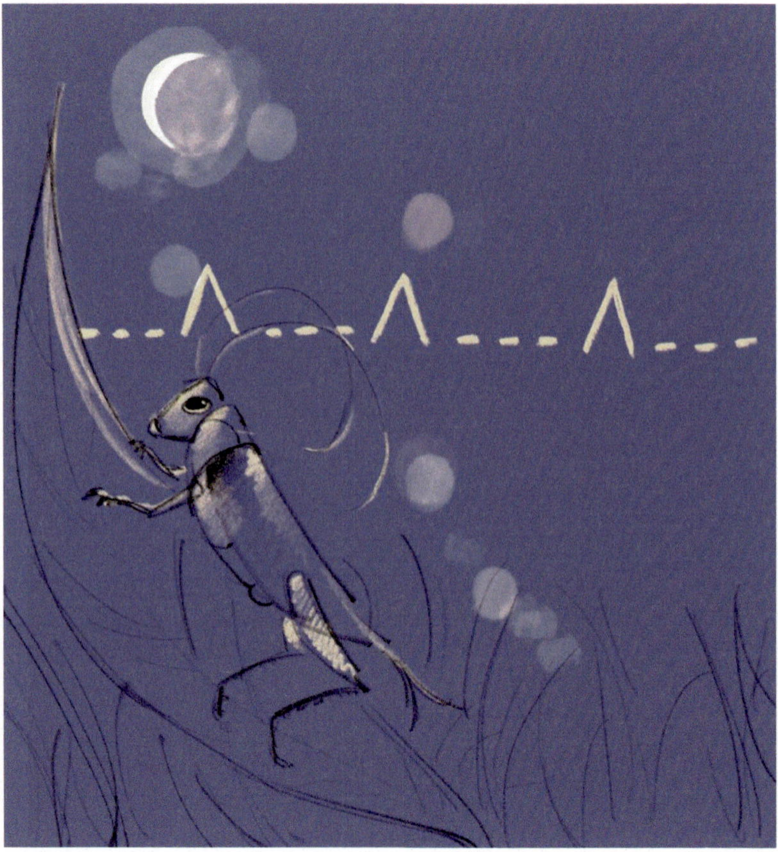

귀뚜라미는 밤의 맥박을 측정한다.

Crickets measure the pulse of the night.

El grillo mide las pulsaciones de la noche.

JUNIOR
YEAR

추억은 티셔츠처럼 줄어든다.

Memories shrink like old T-shirts.

Los recuerdos encogen como las camisetas.

머리는 아이디어의 어항이다.

The head is the fishbowl of ideas.

La cabeza es la pecera de las ideas.

이끼는 돌의 가발이다.

Moss is the wig of stones.

El musgo es el peluquín de las piedras.

꽃들 위에 앉은 나비는 정원의 타이피스트다.

The butterfly perched on the flowers is the garden's typist.

La mariposa posándose en todas las flores
es la mecanógrafa del jardín.

신부의 긴 드레스는 정신이 없는 신랑을 그녀에게로
인도하는 길이다.

The bride's long dress is the path that guides
the distracted groom to her.

La larga cola de la novia es la vereda que conduce hasta
ella al novio desorientado.

z z z

그랜드 피아노에서 하프가 누워 잔다.

The harp lies asleep on the grand piano.

En los pianos de cola es donde duerme acostada el arpa.

놔두고 온 조개껍질을 그리워하며 파도는 다시 그것을 찾으러 간다.

Regretting having left its shell behind, the tide goes back to retrieve it.

En la resaca, la ola, arrepentida de haber dejado su regalo de conchas, trata de volvérselas a llevar.

you are
mine!

애인에게 지갑을 선물하는 것은 그를 관리하기
시작하는 것이다.

A girlfriend who gives her boyfriend a wallet starts
to take care of him.

La novia que regala una cartera a su novio le comienza
a administrar.

거위는 슬리퍼 차림으로 돌아다닌다.

Geese wander around in their slippers.

Los gansos andan en zapatillas.

!!
!!!
HONEY

꿀은 도둑질이다.

Honey is theft.

La miel es un robo.

아기가 발에다 악수하며 자신에게 인사한다.

The baby greets himself by shaking hands with his foot.

El bebé se saluda a sí mismo dando la mano a su pie.

하늘을 너무 많이 쳐다본 시인의 눈에서 구름이 흘러나온다.

Clouds flow from the poet's eyes after he gazes too much at the sky.

El poeta miraba tanto al cielo que le salió una nube en un ojo.

향수는 꽃의 메아리다.

Perfume is the echo of flowers.

El perfume es el eco de las flores.

다람쥐는 자기가 앉은 자리를 꼬리털로 청소한다.

Squirrels use their tails to clean the spots where they sit.

La ardilla limpia con el plumero de su cola el sitio
en que se sienta.

갈매기들은 항구에서 작별 인사로 흔드는 손수건에서 태
어났다.

Seagulls were born from the handkerchiefs waving
goodbye in the ports.

Las gaviotas nacieron de los pañuelos que dicen ¡adios!
en los puertos.

첫눈에 반하는 사랑에는 안경이 필요없다.

No glasses are needed for love at first sight.

El amor a primera vista no necesita gafas.

달이 없다면 강은 잘못된 길로 흘러가겠지.

Without the moon, rivers would flow the wrong way.

Si no hubiese luna, los ríos se equivocarían de camino.

책은 고독의 구명장비다.

Books are a lifeline for loneliness.

El libro es el salvavidas de la soledad.

낙타는 지평선과 작은 산을 등에 지고 다닌다.

A camel carries the horizon and a little hill on its back.

El camello lleva a cuestas el horizonte y su montañita.

로댕의 〈생각하는 사람〉은 테이블을 빼앗긴 체스 선수다.

Rodin's 'The Thinker' is a chess player who has had his chessboard taken away.

El Pensador de Rodin es un ajedrecista a quien le han quitado la mesa.

벼룩은 개를 기타리스트로 만든다.

Fleas turn a dog into a guitarist.

La pulga hace guitarrista al perro.

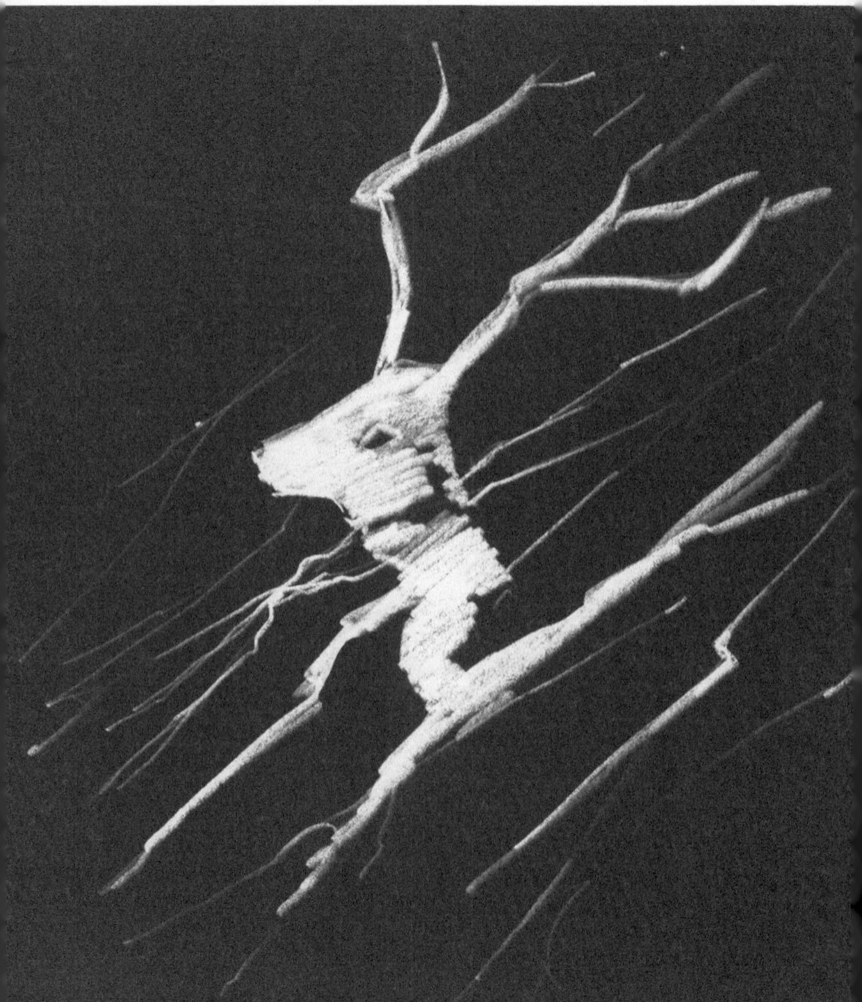

번개는 전기 사슴이다.

Lightning is like an electric deer.

El rayo es el ciervo eléctrico.

마치 세상의 모든 수채화가들이 붓을 씻은 듯한 흐린 하늘이 있다.

There are cloudy skies that look like the brushes of all the watercolor artists in the world have been rinsed.

Hay cielos sucios en que parecen haberse limpiado los pinceles de todos los acuarelistas del mundo.

정신 분석은 무의식의 코르크 따개다.

Psychoanalysis is the corkscrew that opens the unconscious.

El psicoanálisis es el sacacorchos del inconsciente.

우리의 잔이 아무리 작더라도 병을 가득 채우는 것이 중요하다.

No matter how small our cup is, what matters is that the bottle is full.

No importa que nuestro vaso sea pequeño, pues lo importante es que la botella esté llena.

시는 우리가 하늘을 볼 수 있도록 천장에 구멍을 뚫는다.

Poetry drills a hole in the ceiling so that we can see the sky.

La poesía agujerea el techo para que veamos el cielo.

BANANA
CYCLE

미래는 과거의 표절이다.

The future is a copy of the past.

Futuro es plagio del pasado.

행복한 시간에는 시계가 존재하지 않는다.

In happy moments, clocks don't exist.

El reloj no existe en las horas felices.

치약을 사용한 후 우리는 야수 같은 표정으로 이를 본다.

After using toothpaste, we look at our teeth with fierce expressions.

Después de usar el dentífrico nos miramos los dientes con gestos de fieras.

강은 다리를 성으로 생각한다.

The river thinks the bridge is a castle.

El río cree que el puente es un castillo.

세계에서 가장 작은 철길은 애벌레다.

The world's smallest railway is a caterpillar.

El más pequeño ferrocarril del mundo es la oruga.

어린 아이가 콧구멍으로 생각을 끄집어내려고 한다.

A young child tries to draw out thoughts through his nose.

El niño intenta extraerse las ideas por la nariz.

날아가는 모자는 그것을 쫓는 이의 생각을 전부 가지고 도망치는 것 같다.

A flying hat seems to run away with all the thoughts of the person chasing it.

El sombrero que vuela parece que se ha escapado con todas las ideas del que corre detrás de él.

흔히 나비는 꽃이 쓰는 안경 같다.

Butterflies are often like glasses for flowers.

Muchas veces la mariposa parece los lentes de la flor.

Be
Healthy

환자에게 가장 필요한 힘은 약병을 따는 일이다.

The most strength a patient needs is to open a medicine bottle.

Para lo que más fuerza necesita el enfermo es para abrir el frasco de la medicina.

탄산수는 신나는 물이다.

Soda is exciting water.

Soda es agua alegre.

우리가 목욕하는 동안 몇 가지 기억이 익사한다.

While we take a bath, a few memories drown.

Mientras nos bañamos se nos ahogan algunos recuerdos.

우리는 모두 얼굴에 비누칠을 할 때 광대처럼 보인다.

We all look like clowns when we soap our faces.

Todos hemos tenido cara de payasos al enjabonarnos la cara.

데카르트는 좋은 아이디어만 남기기 위해 많은 생각을
버린 사람이다.

Descartes is a man who discarded many ideas to keep only the good ones.

Descartes es el que se descartó de muchas ideas para quedarse solo con las buenas.

바람은 아둔해서 문닫는 방법을 모른다.

The wind is so awkward that it doesn't know how to close the door.

Como el viento es torpe, no sabe cerrar una puerta.

폐허가 된 콜로세움은 수세기 전의 깨진 아침 식사 컵 같다.

The ruined Colosseum looks like a broken breakfast cup from centuries ago.

El Coliseo en ruinas es como una taza rota del desayuno de los siglos.

세상이 너무나 궁금해 미리 눈을 살짝 뜨는 과일은
석류뿐이다.

The only fruit that, out of curiosity about the world,
slightly opens its eyes early is the pomegranate.

El único fruto pasional que se entreabre ansioso de ver
la vida es la granada.

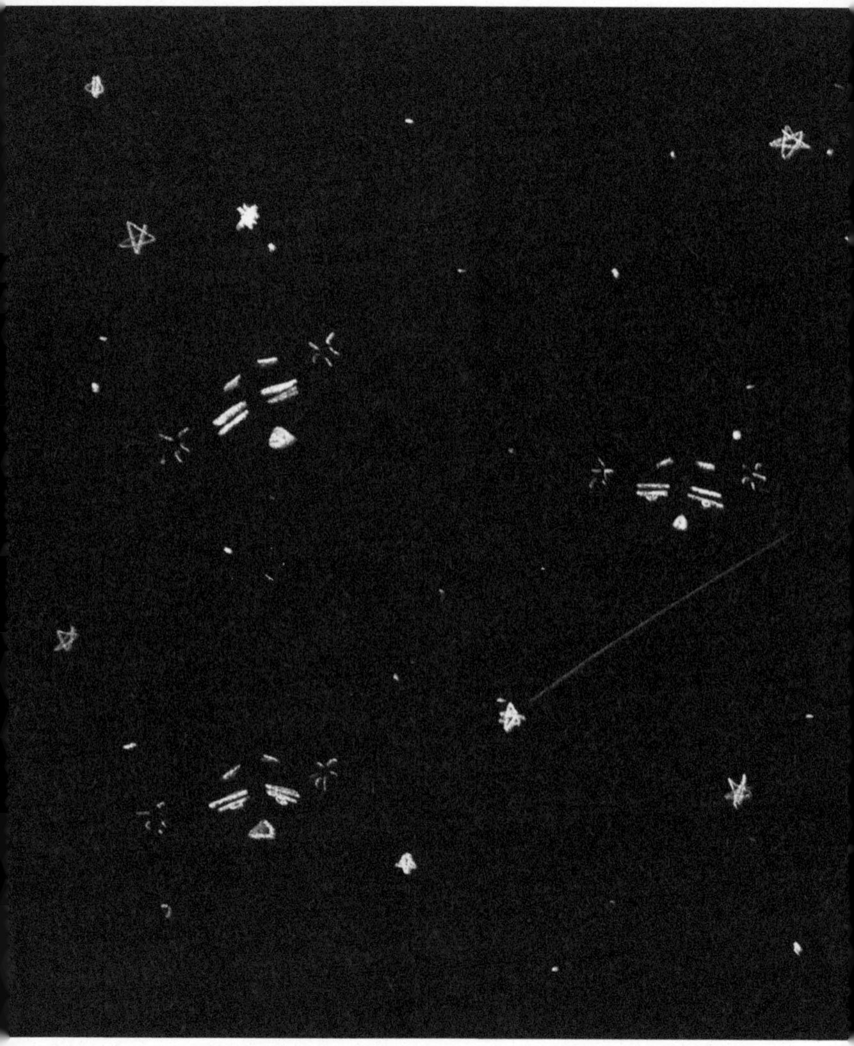

별이 졸려서 깜빡인다.

The star twinkles sleepily.

La estrella parpadea porque tiene sueño.

SOAP

낚시하기 가장 힘든 물고기는 물속의 비누다.

The hardest fish to catch is soap in the water.

El pez más difícil de pescar es el jabón dentro del agua.

그는 너무 예의가 바른 나머지 때때로 나무들에게
인사한다.

He is so polite that sometimes he greets the trees.

Él es tan educado que a veces saluda a los árboles.

구름은 낮에 왜 그렇게 빨리 흘러갈까?
밥 먹으러 집에 가기 때문이야.

Why do clouds move by so quickly during the day?
Because they are heading home to eat.

¿Por qué corren tanto las nubes al mediodía?
Porque van a su casa a comer.

밤이 되면 몰려드는 나비들 때문에 유리창은
나비 수족관으로 바뀐다.

At night, the glass window turns into a butterfly aquarium as the butterflies gather around

Las mariposas que se asoman en la noche por el cristal de la ventana convierten el cristal en un acuario de mariposas.

해변에 나타나는 해초는 인어가 머리를 빗을 때 빠지는 머리카락이다.

The seaweed that appears on the beaches is the hair that mermaids pull out while combing their hair.

Las algas que aparecen en las playas son los pelos que se arrancan las sirenas al peinarse.

이슬방울 덕분에 꽃은 하늘의 아름다움을 볼 수 있다.

Thanks to the dew, flowers can see the beauty of the sky.

Gracias a las gotas de rocío tiene ojos la flor para ver la belleza del cielo.

제비는 정장을 입은 새다.

Swallows are the birds dressed in formal attire.

Las golondrinas son los pájaros vestidos de etiqueta.

달과 태양은 쉴 수 있는 침대가 단 한 개밖에 없어서,
달은 태양이 잘 때 일한다.

The moon and the sun have only one bed to rest on, which is why one works when the other sleeps.

La luna y el sol no tienen más que una sola cama para descansar y por eso la una trabaja cuando el otro duerme.

새처럼 물맛을 음미하는 사람은 아무도 없다.

No one tastes water like a bird.

No hay nadie que soboree el agua como el pájaro.

바다 위의 달은 비행가이자 다이버다.

The moon above the sea is an aviator and diver.

La luna sobre el mar es aviador y buzo.

우리가 인생에서 속았다는 것을 알아차릴 때는
화환의 꽃들이 철사로 지탱되고 있다는 것을 발견했을
때였다.

The only time we realized we had been deceived in life
was when we discovered that the flowers in the wreath
were held up by wire.

Cuando comprendimos el engaño de la vida fue cuando
descubrimos que las flores del gran ramo estaban
sostenidas con alambres.

못을 치다 보면 어떤 것들은 우리를 좋아해서 고분고분 말을 잘 듣고, 또 어떤 것들은 우리를 미워해서 반항적이라는 것을 알게된다.

As we hammer in nails, we come to realize that some people support us and obey us, while others resent us and rebel against us.

Clavando clavos se nota que unos nos quieren y son dóciles y otros nos odian y son rebeldes.

단지 태양만이 구름에 휴가를 줄 수 있다.

Only the sun can give the clouds a vacation.

Solo el sol puede dar vacaciones a las nubes.

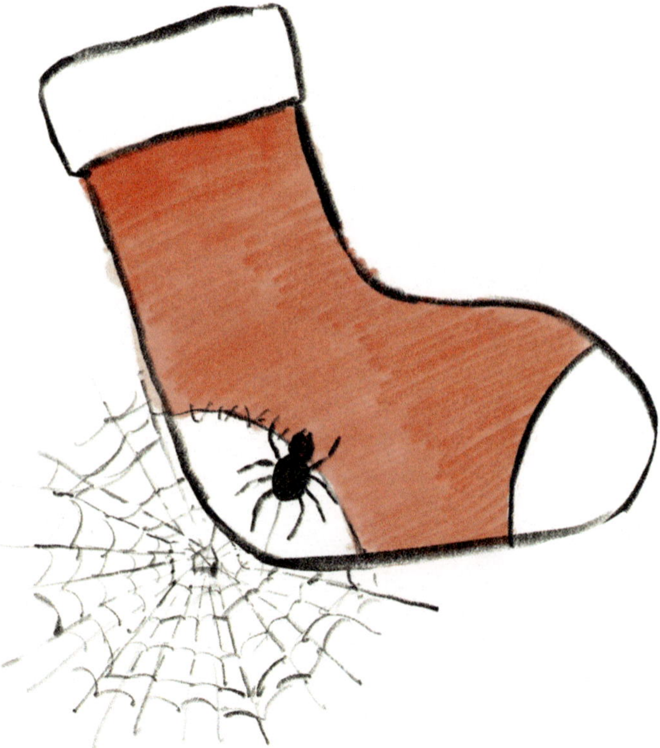

거미가 구석에서 양말을 꿰맨다.

A spider sews a sock in a corner.

Las arañas zurcen los calcetines de los rincones.

간단히 말해서 로댕의 〈생각하는 사람〉은 화장실에 가장 오래 앉아 있는 사람일 것이다.

In short, Rodin's 'The Thinker' is likely the person who has spent the longest time sitting in the bathroom.

En resumidas cuentas, el Pensador de Rodin será el hombre que más tiempo ha estado sentado en el retrete.

감자 껍질을 벗기는 것은 감자를 줄로 동여매는 것과 같다.

Peeling a potato is like winding it up.

Mondar una patata es como darle cuerda.

바다는 강의 머리카락을 끌어당긴다.

The sea attracts the hair of the river.

El mar arrastra de los pelos al río.

바람이 널려있는 속옷을 채찍질한다.

The wind whips the underwear on the line.

El viento azota calzoncillos tendidos.

거울 앞에서 하품을 할 때 우리는 우리 자신을
삼켜버린다.

When we yawn in front of the mirror, we swallow ourselves.

Cuando bostezamos frente al espejo nos tragamos a nosotros mismos.

키스는 빌려주는 걸까, 아니면 선물일까?

Is a kiss something you lend, or is it a gift?

El beso, ¿es un préstamo o un regalo?

수박은 노을의 저금통이다.

Watermelon is a piggy bank of sunsets.

La sandía es una hucha de ocasos.

달걀은 풀 먹인 셔츠를 입고 태어난다.

Eggs are born in starched shirts.

Los huevos nacen con camisa almidonada.